LA LOGIQUE

DE

LA DÉMOCRATIE

—

De l'audace... toujours de l'audace...
encore de l'audace...

DANTON.

BAYONNE

IMPRIMERIE E. LASSERRE, RUE ORBE, 20

—

1871

LA LOGIQUE DE LA DÉMOCRATIE

Un spirituel député, auquel je décernerais volontiers le titre de philosophe, a dit dans je ne sais trop quel passage de ses discours : « Tous les Républicains ne sont pas des voleurs, mais tous les voleurs sont républicains. » A la lecture de cette phrase, le démocrate s'emporte, et vomit mille malédic-dictions sur ce monstre, plus terrible que l'hydre de Lerne : c'est de la réaction que je veux parler. Le démocrate, toujours mon démocrate, continuant à se tordre dans des contorsions effrayantes, invoquera à son appui les mots sonores et ronflants d'*égalité* et de *fraternité*. Pourquoi cette colère soudaine, colère dont j'ai été moi-même le témoin, *quorum pars magna fui*, comme dit Virgile? Si mon démocrate était un honnête homme, il se contenterait de combattre par le raisonnement un argument appuyé sur des données sûres et certaines; mais, comme l'Harpagon de Molière, il se rappelle cet axiome : *Qui se sent mor-veux se mouche.* Voici d'où proviennent tous ses cris, toute ses menaces contre la réaction : c'est la réaction qui a livré à l'ennemi le territoire de la France, c'est la réaction qui a accéléré la capitulation de Paris, c'est la réaction qui est cause de la Révolution du 18 mars... La réaction... toujours la réaction, voilà le refrain de la démocratie..., voilà le chant que les épouses de ces nouveaux Lacédémoniens fredonnent pour endormir leurs enfants au berceau.

Si vous vouliez étudier la marche de la démocratie, vous verseriez des larmes en vous retraçant le tableau hideux de la Terreur, c'est vrai; mais pour le reste ce serait un débordement de rires et de stupéfaction. Toute la lo-gique de messieurs les démocrates est renfermée dans ces quelques mots : prouver que le mal est meilleur que le

bien, que les massacres sont une œuvre de philanthropie ;
que Robespierre, Delescluze et Pyat, ont pour leurs concitoyens des entrailles de père, et autres choses encore très
difficiles à croire. Mais vous savez que l'on arrive à tout
avec de la bonne volonté. Les hommes de 89 ont trouvé
très mal que S. M. le roi Très-Chrétien s'acquittât de ses
devoirs religieux, que ces benêts de Français persistas-
sent à croire en Dieu, et que l'on songeât encore à la
vertu et à l'honneur. Tout cela, c'était sans doute très mal ;
il valait beaucoup mieux s'appeler *citoyen* et décerner au
Seigneur le titre d'ennemi en chef de la République une
et indivisible (à ce propos je partage les croyances de ces
penseurs) ; il valait mieux, dis-je, apprêter ses repas les
mains rougies de sang, que d'aller, aux processions, na-
siller des hymnes en l'honneur de la divinité... Tout de
même, chose étrange, il s'est trouvé des imbéciles qui ont
regretté l'Opéra et le Petit-Trianon, et qui n'ont pas applaudi
au spectacle touchant de la place de la Révolution. Faut-il
s'en étonner ? De tout temps il y a eu et il y aura des nigauds
qui trouveront que la vertu a du bon, et que le roi de
France représente l'ordre ; les mauvaises langues assurent
mêmes que ces gens-là sont incorrigibles...Or, comme
vous pouvez vous l'imaginer fort bien, ce n'est pas moi qui
les ramènerais dans le droit chemin.

I

CE QUE LA DÉMOCRATIE TROUVAIT DE MAUVAIS A L'ANCIEN RÉGIME

Un beau matin, Voltaire, qui avait rêvé à la dignité de
duc et pair ; Rousseau, qui aurait bien désiré la charge
d'historiographe de France ; Diderot, qui ne jouissait pas
du confortable dans son cachot de Vincennes, décidèrent,
dans les profondeurs de leur sagesse, que le roi Très-
Chrétien et le corps des gentilshommes, persistant à nier
leurs grandes qualités, seraient voués à l'exécration des
races futures... Et, pour passer du rêve à la réalité, ces
beaux messieurs imaginèrent de révolutionner la France,
en écrivant le *Dictionnaire philosophique*, le *Contrat social*

et l'*Encyclopédie*... Le mot *liberté*, proclamé à son de trompe, devint à la mode, comme plus tard, les gilets à la Robespierre. « Nous sommes tous égaux ! s'écrièrent en chœur les voleurs de grand chemin et les repris de justice ; à nous les châteaux ! » Aussitôt des bas-fonds de la société sortent une foule d'êtres inconnus, qui commencent à parler en maîtres... Jusque-là il n'y avait pas grand mal...; mais voilà que tout-à-coup la Bastille s'écroule, le roi est coiffé d'un chapeau à cocarde tricolore... (comme coup-d'œil ce n'est pas trop mal... ne croyez pas que je veuille plaisanter... j'admire tout en gardant mon sérieux). Après la cocarde tricolore (en révolution il y a toujours progrès), on exhibe un beau matin une guenille écarlate; et les démocrates d'applaudir à outrance, car ces messieurs font tout à outrance : des révolutions à outrance, des guerres à outrance, etc... Mais revenons un peu sur ce qui fait le sujet véritable de ce chapitre. Les novateurs du xviiie siècle trouvaient tout mauvais à l'ancien régime... Je n'aurais rien à dire s'ils se fussent contentés de nous présenter Louis XV comme un polisson de la pire espèce...; mais que je sache, M. de Voltaire aimait, lui aussi, à roucouler à la porte des belles, et encore s'il n'avait fait que roucouler. Louis XV, qui ne faisait jamais les choses à moitié, agissait de même ; mais, que voulez-vous? il est écrit que personne n'est parfait dans ce monde, quoi qu'en disent les démocrates. Aussi je pardonnerai volontiers à Louis XV la conquête de la Lorraine et de la Corse ; que les libres-penseurs lui passent le Parc-aux-Cerfs. Vraiment on dirait, à les entendre, qu'ils ont mené une vie monacale. Les libres-penseurs ayant engendré les démocrates, ces derniers appellent leurs maîtres des réactionnaires et vont encore plus loin.... Nous ne sommes pas encore à la fin, car nous ne savons pas ce que les démocrates engendreront. En résumé, tel a été le cri des nouveaux politiques.

« Vous nous demandez ce que nous a fait la noblesse. La noblesse nous a épuisés jusqu'au dernier écu et jusqu'à la dernière goutte de notre sang. La noblesse a pris nos fils, a enlevé nos femmes et nos filles..., et nous souffririons tout cela... » Voici quelle serait ma réponse : « Vous détestez la noblesse, c'est très bien. Il y a trois siècles je vous eusse donné raison, quoique je fasse moi-même partie de cette classe objet de vos attaques. Si vous n'avez pas enlevé les femmes et l'argent d'autrui, ce n'est pas de votre faute, car chaque fois que vous avez pu le faire vous l'avez fait... Vous souffrez, je vous plains; mais lorsque je pense à vous, je songe parfois à Argant, qui demande des lavements sans nécessité. » Aujourd'hui la démocratie a comblé la mesure, et, si la France se laisse encore séduire par ces fausses doctrines, selon les expressions d'un journaliste étranger, elle mérite qu'on lui crache à la face.

II

DES MOYENS DONT LA DÉMOCRATIE S'EST SERVIE POUR ARRIVER A SES FINS.

Machiavel prétend que la fin justifie les moyens, et pourtant Machiavel reconnaissait l'autorité monarchique. Les philosophes du XVIIIe siècle voulant, *velis nolis*, réaliser leur programme, ont tout fait en grand ; ils ont couvert de sang les places de la capitale, ils ont assassiné le roi, puis ils se sont assassinés entre eux, n'ayant plus personne à frapper ;...finalement ils ont été assassinés eux-mêmes. Que je sache, leur programme, quelque étendu, quelque détaillé qu'il fût d'ailleurs, ne contenait pas cette dernière clause. Mais enfin peu importe, il serait indiscret de pénétrer les sublimes intentions de ces géants, comme les appelle M. Hugo. Le bourreau a cité à sa barre tous ces instigateurs de complots et de massacres ; ceux qui ont réussi à éviter l'étreinte cordiale et fraternelle de M. de Paris ont déclaré que la partie était remise, et il fallait la botte de Bonaparte pour écraser ces gens-là qui jouaient à la vipère. Mais lorsque le talon du vainqueur de Marengo cessa de s'appesantir sur leurs têtes, ils recommencèrent à mordre de plus belle ; mais cette fois ils en furent pour leurs frais, car la maison de France resta sur le trône jusqu'en 1848. Les fils et petits-fils de MM. les géants coururent à la barricade, crièrent *Vive la République!* et commençaient à devenir désagréables, lorsque les canons du général Cavaignac leur enseignèrent la politesse en matière politique. Hélas! combien de gens ont encore besoin des canons du général Cavaignac! 1870 les voit encore à l'œuvre, 1871 voit leur défaite... Cette fois, se voyant définitivement vaincus,... ils se vengent, et Paris... la ville infernale, devient un vaste brasier. Après cela soyez démocrates, et si vous l'êtes, vous êtes criminels. Vous vous plaignez de la domination du prêtre; croyez-vous que nous préférons celle du bourreau? Vous dites que la propriété c'est le vol, mais vos pareils qui ont possédé eux-aussi ont renié leurs doctrines premières... Il en est toujours ainsi; c'est le texte de l'Evangile mis à l'envers : *Fais aux autres ce que tu ne voudrais pas qu'il te fût fait à toi-même.* Vous dites que vous représentez un parti en politique, vous mentez : vous représentez l'assassinat et le vol en permanence... Pourtant vous posez en honnêtes gens... honnê-tes, vous? allons donc! à moins toutefois que l'assassinat de M⁣gr de Paris ne soit une action méritoire, et que les incendies ne prouvent vos bons sentiments : en ce cas je vous donne raison; je vais encore plus loin, je vous fais des excuses, et je considère ce que j'ai dit comme nul et non avenu. Malheu-reusement j'en suis pour mes frais de bonnes intentions.

Lorsque, au commencement de cet ouvrage, je dis que tous les républicains ne sont pas des voleurs, mais que tous les voleurs sont républicains, je ne fais qu'énoncer une pen-sée que tout le monde peut comprendre aisément. Si, par hasard, vous faites une tournée au bagne de Toulon, et que vous demandiez à un de ces malheureux revêtu de la livrée de l'infâmie quelle opinion est la sienne, il vous répondra : *Je suis républicain,* ce qui n'est pas très flatteur pour la répu-blique. Mais enfin cela est, et c'est un fait que je constate.

Quoi qu'il en soit, me dira le lecteur, vos démocrates sont un peu turbulents, c'est vrai; mais enfin ils sont braves et ils exposent leur personne. L'objection n'est pas terrible. On me dira, *ils sont braves;* sans nul doute, mais il faut com-pléter ainsi la phrase : ils sont braves derrière les autres. Les révolutionnaires braves! quelle monstrueuse alliance de mots! Racine a dit en parlant de l'empereur Claude qu'il vieillissait dans une éternelle enfance ; — mais comme je ne suis pas Racine, je ne veux pas de ces combinaisons hardies.

III

L'UTILITÉ DE LA DÉMOCRATIE.

La démocratie a-t-elle servi à grand'chose? Je ne veux pas dire non, car je ne tiens pas à me brouiller avec ces honnêtes gens. Je dirai donc : La démocratie a été très utile. C'est ce qu'il s'agit de prouver. La tâche est difficile : Voltaire, le spirituel Voltaire, jetterait sa langue aux chiens. L'image n'est pas trop poétique, et le style est un peu *communard*, j'en demande pardon au lecteur. La démocratie a coupé les têtes par milliers, elle a été la providence du bourreau, des couteliers et des repris de justice, ce qui est déjà un grand progrès et qui donne raison au proverbe : *A quelque chose malheur est bon.* Puis le territoire français a été envahi, le sang de 1,200,000 hommes a coulé sur tous les champs de bataille de l'Europe, le nouveau drapeau a fait merveille. Cela est très beau. La France s'est amusée pendant vingt-cinq ans ; mais lorsqu'il a fallu payer la carte, on s'est souvenu de Louis XVIII et des Bourbons. Une fois que la France a été réorganisée, on les a chassés, le tout pour satisfaire la démocratie ; il est vrai que bon nombre de Français se fussent bien passés de lui procurer une satisfaction pareille.

L'utilité de la démocratie est donc prouvée : partout où elle a passé, elle a laissé derrière elle des ruines et de la désolation ; elle a procuré à la France plusieurs invasions, mettant toujours en avant l'esprit de justice dont elle est animée. D'excès en excès, elle est arrivée fatalement à un résultat des plus déplorables. Faut-il s'en étonner? pas le moins du monde. Une fois la bête déchaînée, il est inutile de vouloir courir après elle, c'est elle qui court après vous. On avait devant les yeux 89, 93 et 1848; mais le Français, étant léger par essence, a voulu faire encore l'essai de ce gouvernement *qui nous divise le moins*, comme a dit M. Thiers dans un épanchement de gaîté trop expansive, car il fallait supposer, pour ne pas lui faire injure, que ce jour-là il voulait rire à nos dépens. Aujourd'hui, le rouge est à la mode, les sans-culottes sont d'excellents citoyens, Robespierre n'était pas trop bête en matière politique, Marat connaissait son monde, etc...... Demain tout est changé, ou plutôt il n'y a rien de changé en France, il n'y a qu'un Français de plus, c'est le comte de Chambord, ou Henri V si vous l'aimez mieux ; les fenêtres sont pavoisées de blanc, et les *mouchoirs sont des drapeaux improvisés.*

Il me semble entendre dans les rues le chant de *Vive Henri IV* et de la *Belle Gabrielle.* Comme je ne suis pas dans mon assiette à l'heure où j'écris, je vous avoue franchement que je préfère cela à la *Marseillaise* et au *Chant des Girondins :* « Mourir pour la patrie ! » C'est sublime, me dira un démocrate qui a passé le temps de la guerre dans une préfecture. Je ne dis pas le contraire ; mais lorsqu'on a une bonne envie de voler aux frontières, on part, et l'on ne chante pas dans les rues de notre cité. A part cela et les bouches sur lesquelles il se trouve, ce chant est supportable.

IV.

DES HOMMES DE LA RÉVOLUTION :
MAX. ROBESPIERRE — MARAT — CARRIER.
1793

Maintenant que nous avons parlé des faits, parlons des héros. Il y en a, je parle de mes incorrigibles, qui critiquent le mot *héros ;* mais il y a des héros dans le crime comme dans la vertu, demandez plutôt au citoyen Hugo, qui trouve moyen d'être à la fois vertueux et criminel, et qui, pour couvrir le tout, exhibe un certain Jean Valjean auquel il donne de longues phrases ampoulées et faisant souvent fonction de pavot. Mais revenons au premier de mes personnages : c'est Max. Robespierre, un drôle de la pire espèce, admirablement chaussé, ganté de frais, s'occupant de mettre à la mode telle et telle toilette, pendant que son secrétaire envoyait des gens recommandés à M. de Paris. Maximilien était par-dessus tout capricieux, et il ne savait trop à quelle sauce manger les aristocrates. Un jour, entre deux verres de champagne, il juge à propos d'envoyer à la guillotine Mme de Sainte-Amaranthe, qui l'hébergeait : c'était une reconnaissance à la Robespierre, l'action devint à la mode... pour moi je préfère être ingrat à ce compte-là. Robespierre avait fermé les temples, aboli Dieu, le roi et les prêtres. Un beau jour, il regrette tout cela, et commence par inventer la fête de l'Être-Suprême, dont il était le pontife, bien entendu ; puis le 9 thermidor vint déranger ses rêves d'or, et la Terreur s'arrêta, car il est écrit que la France doit toujours se faire l'humble servante des coquins.

Marat, lui, c'est autre chose : il a tout du tigre, sauf le courage ; il est féroce par calcul ; il médite froidement l'assassinat ; il fait collection de têtes coupées, et, à tous ces beaux défauts, joint celui de la luxure. Les révolutionnaires l'admirent, cela va de soi, et le citoyen Delescluze, son successeur, avait bonne envie de lui élever une statue ; mais heureusement pour la France, la roche Tarpéienne est près du Capitole, c'est-à-dire que le citoyen Delescluze, après avoir monté les degrés de l'échelle, a dégringolé lui aussi.

Marat était publiciste, mais publiciste à la mode du père Duchêne, avec assaisonnements de b..... et de f..... Nous autres, royalistes, nous faisons des périodes et des métaphores ; ces messieurs font des métaphores républicaines. Lorsque l'orateur a perdu le fil de son discours, il ouvre sa bouche à deux battants, et vous foudroie de son éloquence comme Cambronne à Waterloo. Celui-ci, comme a dit M. Hugo, a fait encore plus, il a foudroyé le tonnerre ! Marat agissait de même ; il écrivait avec une encre composée de boue et de sang ; sa feuille ne recélait que des immondices ; le sang c'était son rêve et son idéal. Charlotte Corday assassina le monstre, mais l'humanité n'en fut pas plus soulagée pour cela : Maximilien respirait encore, et l'esprit démocratique était à la mode.

Carrier n'aimait pas les échafauds, il adorait les plaisirs aquatiques : il faisait noyer son monde ; puis, par des raffinements de barbarie inouïs, inventait un dernier système de torture auprès duquel le taureau d'Agrigente était une farce : je veux parler des mariages républicains. Je n'insiste pas là-dessus, vous devez comprendre pourquoi. Et la France souffrait cela !

Les démocrates admiraient leurs hommes : « Nous ne sommes plus, disaient-ils, au temps des processions et des jésuites. » Ils avaient raison, les braves gens ; il valait mieux avoir la Loire pour lit nuptial ! cela dépend des goûts. Celui qui ne voulait pas mourir, car la première République tuait, c'était son métier, celui qui ne voulait pas mourir se jetait dans la campagne, et, aux cris de *Vive le roi!* tentait de ramener la France au salut. Ainsi faisaient Charette et Cathelineau.

En résumé, Marat était la pensée, Robespierre le diplomate, et Carrier le bourreau de la Révolution.

V.

BARRAS — PAUL-LOUIS COURIER — BÉRANGER.

Barras était comte, tout comme Henri Rochefort de Luçay, et un vrai comte, s'il vous plaît : il avait été à la prise de Madras, avait crié *Vive le roi!* tant que le roi était le roi ; puis *Vive la République!* lorsque la Convention avait décrété que Capet était un tyran. *Vive le roi! Vive la ligue!* voilà la devise de beaucoup de gens. Le comte de Barras, réfléchissant à l'embarras de sa position, fit le neuf thermidor, se fit nommer directeur, puis donna des fêtes à Grosbois. Il était voluptueux, le cher directeur ! Mme Tallien et d'autres le savaient bien ; le bourreau de la Révolution savait tourner élégamment une phrase, et, l'œil en feu, séduire les âmes même les plus rebelles. Le démocrate ayant fait fortune devait nécessairement faire peau neuve.

Paul-Louis Courier était le publiciste polisson par excellence, révolutionnaire par tradition, et républicain quand même. Ce bon Louis, comme il pleurait en voyant une procession ! comme il regrettait son échafaud, sa lucarne, son gentil petit couperet bien effilé ; et comme il déployait sa verve maligne pour défendre ses opinions ! Bref, le digne homme, détesté et exécré dans toute la province qu'il habitait, servit un jour de refuge à deux balles d'un fort calibre. Cela devait finir ainsi.

Béranger, grand poëte dont je suis le premier à reconnaître les qualités, fut un des chefs du parti libéral. Il se savait du talent; malheureusement pour lui, il se crut au dessus de tout. Lui croire en Dieu? allons donc !.. vénérer le roi?.. et pourquoi faire? Est-ce qu'un homme d'esprit peut être royaliste et croire en Dieu? quelle anomalie !.... L'illustre poëte prenait sa lyre, et après avoir graissé les cordes avec de la boue, chantait joyeusement : *Vive l'enfer où nous irons...* Je suppose qu'il y est, mais qu'il ne doit pas y jouir du confortable. Soyez sceptique, cela vous regarde; mais au moins n'offusquez pas les croyances des autres.

Ces trois hommes ont été également pervers; tous trois ont montré une mauvaise foi manifeste. Il est permis de critiquer un parti; mais trouver mauvais tout ce que ce parti accomplit, c'est le comble du ridicule et de l'injustice : il est vrai que ces gens-là n'y regardent pas de si près.

VI

LA DÉMOCRATIE CONTEMPORAINE :
LE COMTE HENRY ROCHEFORT DE LUÇAY.

Le comte de Luçay n'est rien moins qu'un misérable ; il a tout ce qu'il faut pour être un bandit. Le mal, c'est son élément; il a passé sa vie à chercher un moyen de parvenir. Le 4 septembre ne l'a que médiocrement satisfait, le 31 octobre l'a démasqué. On a vu l'homme, on a vu le terroriste futur, le conventionnel manqué, on a vu même autre chose. Jouer le rôle de Robespierre, c'était le rêve du citoyen comte; ne pouvant y arriver, il a singé Marat dans son *Mot d'ordre.* La révolution du 18 mars a fait de lui un personnage... Ce n'était pas trop tôt, la patience commençait à lui manquer. Le noble comte, comme il devait se sentir satisfait lorsqu'il se voyait applaudi et entouré par ces adorables communeux qui avaient pour le moins un assassinat sur la conscience ! Comme il devait jouir des enchantements du

pouvoir !.. Un jour cependant, le rêve fut interrompu par
une réalité... malheureuse... C'était l'armée de Versailles
qui avançait la bayonnette au bout du fusil, secondée par les
arguments du général Cavaignac. M. le comte de Luçay
s'évade, il vient tomber entre les bras d'un gendarme...
Quelle déception ! Voilà le commencement de l'odyssée ;
c'est au conseil de guerre et aux chassepots de nos soldats
à dire le dernier mot. C'est alors que nous pourrons con-
templer à l'aise le maintien et le stoïcisme de ce nouveau
Camille Desmoulins, qui, s'il en faut croire l'histoire, se
sentait pris de faiblesses à la vue du couteau triangulaire, et
avouait que la démocratie avait son mauvais côté.

Ah! monsieur le comte de Luçay, vous avez voulu jouer avec
le feu, vous avez parlé d'exécutions, vous en avez appelé au
pillage et à l'assassinat : vous devriez savoir ce qui vous
attend. La perspective de la mort vous effraie, vous reculez
devant le squelette qui tient la faux, vous êtes trop vil pour
tomber sous la balle des soldats français ! Charette, Stofflet,
le maréchal Ney sont morts victimes des passions de
l'époque ; ce serait vous honorer que de vous mettre en
parallèle avec ces grands guerriers... Lorsqu'on a comme
vous abdiqué le sentiment de sa dignité humaine, on désho-
nore tout, depuis son pays... jusqu'au bourreau que votre
contact indignera.

VII

DELESCLUZE.

Si Robespierre avait connu Delescluze, il aurait maudit
la Révolution d'avoir produit un pareil brigand. Maximilien
jouait le rôle du bourreau... mais enfin il ne passait pas ses
nuits dans des orgies et ne s'occupait pas de remplir ses po-
ches. Le citoyen Delescluze, qu'un journal de Lyon appela un
diamant de probité, ne fut républicain que parce que la République lui laissa garnir le gousset... *Vive le roi! Vive la ligue!*
c'est aujourd'hui le cri de tout le monde. Du temps du bon-
homme Lafontaine l'opinion publique commençait à se dessi-
ner légèrement; tout le monde était le partisan du roi Soleil,

quitte à crier *Vive la révolte !* si la révolte eût été dans le programme du jour... Mais dans ce temps-là le royalisme était à la mode, et, si je ne me trompe, on ne s'en trouvait pas plus mal.

Donc, le citoyen Delescluze, qui avait une vocation bien marquée pour les travaux de Toulon, trouvant que la monarchie dédaignait un garnement de cette espèce, offrit ses services à M. Piétri, préfet de police (c'était le bon temps pour les larrons), et construisit avec des agents *ad hoc* des barricades imaginaires... Bonaparte se servait de lui et de ses pareils pour effrayer ces bons bourgeois ; — puis, le jour de sa chute étant arrivé, Delescluze et Cᶦᵉ jurèrent à la République un dévouement sans bornes. Le gouvernement du 4 septembre, n'ayant personne à assassiner, se débarrassa de ces gredins, qui lui décernèrent la glorieuse épithète de *réactionnaire*. Le 31 octobre, on essaya de sonder la force des gouvernants ; le 18 mars, on réussit à vaincre une poignée de manants, qui, après avoir fui devant les Prussiens, tombaient dans les bras des communeux! Cela devait être.

C'est ici que le rôle de Delescluze est beau. Moyennant un discours semé de fleurs démocratiques (le lecteur me comprend), notre fieffé coquin transvase l'argent de l'État, demande la destruction de la colonne Vendôme, la mort des traîtres... Si les Versaillais n'étaient arrivés, que n'aurait-il demandé encore ?... Finalement, ne pouvant parodier Danton, il veut parodier Rotopschine... comme s'il était donné au renard acculé dans sa tanière d'enfumer les chasseurs... C'est le contraire qui arrive. Peut-être Delescluze s'attendait-il à un miracle de Dieu en sa faveur. Il n'y a pas comme la foi pour nous sauver... Quoi qu'il en soit, les espérances du citoyen furent subitement interrompues par la balle d'un chassepot.

En examinant l'affaire de près, Delescluze était encore trop heureux! une balle pour un monstre semblable, une mort comme celle de Charles XII !... alors que la corde seule eût dû faire son office.

VIII.

DOMBROWSKI — JULES VALLÈS — CLUSERET

Le jour où ce révolutionnaire de profession fit son entrée
en scène sur les tréteaux de la Commune, on s'écria en paro-
diant un mot célèbre dont j'ai eu occasion de parler plus
haut : « Il n'y a rien de changé en France, il n'y a qu'un
Polonais de plus ! » Ce Polonais faisait aux yeux de tous ce
que les Calabrais font à la barbe des gendarmes napolitains.
Le nouveau filou endossait un uniforme de général de divi-
sion, lançait des proclamations, et se disait intérieurement :
Mon Dieu, que les Français sont stupides ! Telles devaient
être sans doute les pensées de notre héros, car la stupidité
était poussée à son comble... et à vrai dire un coquin sans
intelligence pouvait être d'un jour à l'autre appelé à présider
aux destinées de cette vertueuse populace.

Et puis, j'oubliais de citer la plus étrange des manies,...
c'est la manie de vouloir gouverner. Les hommes de lettres,
paraît-il, sont tous plus ou moins possédés de cette infirmité.
Demandez plutôt à Jules Vallès, dont M. de Villemessant a
été le Mécène. Parce qu'un drôle de la pire espèce s'est réveillé
un matin avec l'idée fixe de son savoir et de sa capacité,
parce qu'il se croit une intelligence... il faut en passer par là.
Le citoyen Vallès savait accoupler des mots, semer des phrases sonores ; voilà sa réputation faite. La Commune survient,
exalte mon héros, lui décerne place et honneurs ; cela va de
soi, à tel point qu'on n'aurait pu dire sans danger que Châteaubriand était au dessus de Jules Vallès.

Les hommes du 18 mars avaient leur Alexandre, c'était
Cluseret. La vie calabraise ne rapportant que des dangers,
et la profession de pic-pocket exigeant beaucoup d'habileté,
Cluseret était devenu citoyen d'outre-Océan... bref on n'en-
tendait plus parler de lui. Un jour, cependant, la révolution
du 4 septembre ramena ce nouveau paillasse sur la scène de
la république... Lyon fut le théâtre de ses exploits, puis Paris
le mit à sa tête en ajoutant que les soldats seraient dignes du
général. Le mot était vrai.

Tels sont les hommes dont j'ai voulu tracer le portrait.

Quelque sévères et impitoyables que paraissent mes appré-
ciations, je n'ai dit que la vérité; et si l'horreur est grande,
c'est que le crime a été grand.

IX

PARALLÈLE ENTRE LA RÉVOLUTION ET LA MONARCHIE :
LA PREMIÈRE RÉPUBLIQUE.

Alors que la France avait besoin de repos, quelques novateurs inventèrent un nouveau gouvernement. *Inventer* est le
mot. L'imagination des gens s'étant échauffée par degrés,
on voulut reconstituer en France la République Romaine et
improviser des Tarquins, des Brutus et des Scœvola. Le
Tarquin était tout trouvé, c'était Louis XVI. Mme Roland
fit la Lucrèce; elle imita en tout les façons de l'héroïne, si ce
n'est toutefois en ce point qu'elle aimait la galanterie et les
compliments. Mais pour l'excuser, je dirai que s'il en avait
été autrement, elle n'eût pas été femme. On se disputa les
défroques de l'antique Brutus... et, en définitive, on égorgea
beaucoup, et l'on n'aboutit à aucun résultat. M. Victor
Hugo a dit de notre dernier César que c'était le singe du
vainqueur de Marengo; on peut dire, et cela sans crainte
d'erreur, que la République française n'a pas même atteint
le rang de singe de la grande nation latine. En résumé, voici
les principaux faits de la première République.

Le duc de Brunswik se laissa vaincre à Valmy, non pas
par les héros de 92, mais par l'or de la Convention. Les
coalisés de 93, voulant travailler pour leur compte, firent si
bien qu'ils se gênèrent mutuellement, cela à la grande satisfaction des *Géants* de la Convention (1).

(1) Le duc de Brunswik se laissa séduire en 1792 par les promesses
fallacieuses de Fabre-d'Eglantine. La plupart des auteurs que j'ai
consultés à ce sujet, entr'autres M. Poujoulat, affirment que le géné-
ralissime prussien ne toucha qu'une faible partie des sommes pro-
mises..., et que, se voyant trompé, il eut bien soin de ne pas récla-
mer le reste.
Pour ce qui est de la tactique des alliés, il est facile de voir, en
étudiant leurs campagnes, que leurs armées visaient à un démem-
brement, et travaillaient dans les intérêts particuliers de chaque nation.

Je reconnais avec l'illustre Berryer que la Convention a sauvé la France de l'invasion ; j'en suis enchanté, et ne veux nullement chicaner sur ce chapitre. Mais lorsque, pour administrer un État, on confie la charge principale au bourreau, on ne gouverne pas, on assassine. Aussi quelle désorganisation dans le pays ! La royauté était reconnue dans l'ouest, Louis XVIII était proclamé à Lyon, la Normandie s'insurgeait à la voix de Pétion et de Lanjuinais ; Paris, fidèle à ses traditions, possédait la Commune : et c'est cet heureux temps que les révolutionnaires appellent l'âge d'or !... A ce propos, ils ne sont pas difficiles ; mais, pour le reste, paraît-il, il y a une exception.

Des coups d'État tous les mois, des exécutions en masse, voilà ce qu'on veut nous représenter comme une ère de prospérité. Que diriez-vous si j'écrivais l'apologie de Troppmann ou de Fra-Diavolo ? Vous trouveriez la tâche difficile ; mais il n'en est rien, car M. Louis Blanc et tant d'autres ont trouvé le moyen d'exalter le patriotisme et la vertu des géants... Je ne vois pas pourquoi je ne pourrais, moi aussi, trouver quelques arguments subtils pour canoniser les brigands et les assassins.

La première République a tout permis ; elle a tué le roi, elle a insulté Dieu. Un jour, jour à jamais honteux pour la France, les portes de Notre-Dame s'ouvrirent devant la multitude, et l'on vit sortir, couronnée de fleurs, une courtisane qui occupait la place de la Mère de Jésus-Christ. Ce fait seul eût suffi pour flétrir à jamais des milliers de monarchies ; et la République, héritière du crime, la République devrait être épargnée ! La royauté a tué Calas ; des voix se sont élevées de tous côtés pour protester contre cette faute : la République a souillé, a tué ; et aucune voix ne s'élèverait !

Tel est le dossier de cette première République, qu'on a tant chantée, et dont on n'a jugé que les vertus. La République, je l'admire sur le champ de bataille de Fleurus, je la respecte dans la personne de Marceau ; mais je la méprise dans la tyrannie !

Encore une fois, la République de 93 avait comblé la mesure ; elle avait été dans la main de Dieu un instrument

3

pour châtier la société pervertie ; mais , comme nous le
savons tous, lorsque les instruments deviennent inutiles,
Dieu les brise.

X

L'EMPIRE.

Napoléon, enfant de la révolution, tua la révolution. C'é-
tait de la reconnaissance à la Robespierre, comme vous
le voyez. La République l'avait élevé aux honneurs ; la
République avait fait de lui un grand capitaine ; la République, en un mot, c'était sa mère : il n'avait pas le droit
de l'étouffer. Le 18 Brumaire rendit un grand service au
pays ; mais on ne tarda pas à s'apercevoir que l'on changeait
de maître, et qu'au lieu de tuer les gens sur la place de la
Concorde, on confiait ce soin aux Russes, aux Anglais et
aux Espagnols.

« Quant à ces guerres, dit M. de Châteaubriand, le moin-
« dre examen détruit le prestige. Un homme n'est pas
« grand par ce qu'il entreprend, mais par ce qu'il exécute.
« Tout homme peut rêver la conquête du monde ; Alexandre
« seul l'accomplit. »

On nous dira peut-être : « Le drapeau tricolore, surmonté
de l'aigle impérial, a fait le tour du monde ; il a flotté sur les
alcazars espagnols, il a été planté sur le Kremlin, et le Caire
l'a vu dans ses murs. » Cela est vrai, c'est le langage de l'histoire, mais que nous importent ces conquêtes ? Le grand
homme nous a amené deux fois les Cosaques, — et la France
trouve cela splendide ! Ce n'est pas étonnant, car elle a pré-
féré jusqu'à présent subir le despotisme de la révolution
que d'accepter la liberté de la main de ses rois légitimes.

Napoléon fut grand, mais il y avait en lui quelque chose
qui étouffait ses autres vertus : l'ambition. C'était l'ambition qui lui faisait sacrifier ses admirables légions, qui tombaient aux cris de *Vive l'Empereur !* Il était grand lorsque,
les jours de bataille, il parcourait les rangs, et comme le
grand Condé communiquait aux soldats le feu dont il était
animé lui-même ; il était la personnification du despotisme

militaire, l'armée s'identifiait en lui. Le monde était pour
lui un théâtre ; la vie des camps c'était sa joie ; les batailles,
ses plaisirs. Louis XIV était libéral, comparé à cet homme
étrange qui foulait la France de sa botte et qui la déchirait à
coups d'éperons !

Le grand capitaine avait été assassin, il avait sur la conscience le meurtre du dernier Condé, il avait traîné en
captivité le meilleur des pontifes... Ces deux fautes ou plutôt
ces deux crimes ont été la tache indélébile de son règne.
Promenez-vous sur tous les champs de bataille de l'Europe,
comme a dit M. de Châteaubriand : là se livra la grande bataille d'Austerlitz... des milliers de cadavres sont à vos
pieds ; vous admirez le vainqueur, mais c'est tout. Là-bas
ces vastes plaines de la Russie ont vu se fondre une armée
entière ; là vous plaignez la France. Mais lorsque vous
dirigez vos pas dans les fossés de Vincennes, un frisson
involontaire agite tout votre être, deux mots tombent de
vos lèvres : *C'est là*... Que de souvenirs dans ces deux
mots !..

Parlons maintenant des principaux actes du gouvernement
impérial, ou, pour mieux parler, de ce Césarisme improvisé.
La première parole de cet homme étrange en prenant les
rênes du gouvernement, fut celle-ci : L'empire c'est la paix,
tandis que de l'autre côté des mers, Pitt jetait à la face de
l'Europe ces mots prophétiques : L'empire c'est la guerre.
C'est que Napoléon ne se donnait pas la peine de déguiser
ses rêves d'ambition ; ses espérances reposaient sur son
épée... mais le ministre anglais l'avait deviné.

La campagne d'Austerlitz vint confirmer les sinistres pré-
dictions de l'ennemi de la France. Napoléon fut vainqueur.
Encore une fois le génie du soldat triompha de la duplicité
du diplomate.

Alors Napoléon était grand ; ses fautes disparaissaient
derrière sa gloire ; mais le moment fatal pour lui et pour
le pays, surtout pour le pays, le moment fatal arriva. L'Es-
pagne, abaissée et avilie par un despotisme poussé jusque
dans ses dernières limites, se leva comme un seul homme,
et les vainqueurs de Baïlen écrivirent sur leurs étendards :

AUX VAINQUEURS DES VAINQUEURS D'AUSTERLITZ. Ces paroles, quoique emphatiques en apparence, étaient vraies.

Et ici chacun doit s'étonner du châtiment. Ce ne sont pas les armées disciplinées du baron de Mélas ni du prince Charles, ni les phalanges du prince Bagration ; ce n'étaient que de pauvres paysans, absolument comme dans la guerre de Vendée. Aussi l'Europe applaudit avec étonnement, et cette guerre fatale tua moralement le colosse et coûta à la France une invasion et 600,000 hommes !

La Russie de 1812 fit ce qu'un pauvre peuple avait commencé ; le patriotisme russe, en incendiant Moscou, sauva l'Europe.

Napoléon pouvait signer une paix honorable, il ne le voulut pas : que lui importait l'invasion ? un Bonaparte ne s'arrête pas à un semblable détail. Le bruit du canon, voilà la volupté, voilà le sensualisme de l'Empereur. A Brienne, à Montmirail et à Champaubert, il arrache un cri d'admiration à ses ennemis... Ah ! si cet homme n'eût pas été criminel ! il était digne des temps antiques, il était aussi grand qu'Alexandre, il était l'égal d'Annibal.

Retiré désormais de la vie politique, sauf à reparaître quand son heure sera arrivée, César, retenu dans l'île d'Elbe comme le léopard dans une cage de fer, réveille un jour les débris de sa vieille garde. « Mes enfants, leur dit-il... allons en France. » La garde le suit, et l'armée qui l'idolâtrait lui livre une seconde fois le pays... et, par cette défection à son véritable maître, compromet nos intérêts les plus sacrés.

Waterloo termina cette sanglante épopée, et le roi de France évita à sa patrie une dernière humiliation... La patrie a accepté le sacrifice et le travail, puis a chassé bel et bien ceux qui s'étaient donné tant de peine pour elle...

Bonaparte mourait sur le roc de Sainte-Hélène, et son dernier soupir fut une tache à l'honneur anglais... Il y a deux hommes dont la mémoire sera la honte de l'Angleterre : Charles Ier et Bonaparte.

XI

LA RESTAURATION :
LOUIS XVIII.

La France de 89 avait agi... comme agissent les écoliers lorsque le maître est absent : elle avait déclaré la guerre à l'Europe, elle s'était déchirée elle-même après avoir ruiné des milliers de familles, s'être un peu trop servie du bourreau ; en un mot, après avoir entassé fautes sur fautes, crimes sur crimes... Un beau jour les Cosaques firent leur apparition à Montmartre ; et, ma foi ! une sainte Geneviève ne se rencontre pas tous les jours... Alors MM. les Parisiens furent, bon gré mal gré, contraints de recevoir des hôtes très incommodes ; mais nécessité oblige. Les Prussiens, de leur côté, firent leur tour de France, et Blücher trouva que Paris était une excellente capitale pour tout le monde... Il admettait une exception pour les monarques.

Je ne sais si ces visites inopportunes plurent aux Français. Le fait est que, l'année suivante, les uhlans et les Tartares vinrent prendre place dans les restaurants français, et s'y trouvèrent bien, paraît-il. La France, désillusionnée pour le moment, pria S. M. Louis XVIII de l'aider à payer la carte. Louis XVIII accepta, car, on a beau dire, régner est un sacrifice très supportable.

Les alliés furent payés, la France devint prospère... tout cela arrachait des cris de douleur au MARQUIS de Lafayette et à M. Béranger ; la vue du drapeau blanc causait à M. Manuel des convulsions terribles... Pauvres gens !

En somme, la Restauration tirait la France de l'abîme... Il lui fallait une récompense : les libéraux assassinèrent le duc de Berry... Et M. le duc d'Orléans courut joyeusement chez son tailleur commander des habits de deuil. S'il eût été Louis XI, l'évènement eût demandé des réflexions ! mais la vertu de Mgr le duc d'Orléans était comme la femme de César, elle ne devait pas être soupçonnée !

Le duc d'Angoulême plante le drapeau blanc sur le Tro-

cadéro ; Lafayette en fit une maladie et Béranger s'alita...
C'est un désagrément que d'être trop patriote.

Les libéraux, voulant en dépit de leur renom enlever aux
royalistes...la liberté qu'ils désiraient pour eux-mêmes, se
rassemblèrent un jour dans un certain département de l'Isère
et donnèrent leurs voix à Grégoire le régicide. Il eût été
bien plus simple de rappeler Billaud-Varenne de son exil
pour lui donner un portefeuille quelconque. Si les monar-
chistes, vivant sous le régime républicain, proposaient un
ministère au comte de Chambord ou au duc de Nemours,
on rirait... on ferait plus peut-être... On trouva cela tout
naturel de la part des libéraux ! Personne ne doit s'en
étonner et pour cause.

Un certain Manuel, parlant en termes chaleureux de la
mort de Louis XVI, posa nettement cette question : « La
France et les républicains sont-ils coupables du sang du roi
martyr ? » Pas n'est besoin, je pense, de vous dire que ce
monsieur se prononçait pour la négative... Un gendarme
colleta mon drôle... Les libéraux en appelèrent au meurtre,
à la barricade... Braves gens que MM. les libéraux !

XII

CHARLES X.

Béranger assurant que le nouveau monarque était ton-
suré, le libéralisme poussa des cris de douleur et Lafayette
s'expatria ; tout cela pour une tête chauve. Et vous, monsieur Béranger, vous n'aviez pas de tonsure, mais les mauvaises langues assuraient que vous n'étiez pas indifférent
aux appas des belles. Chastes ou non, cela vous inquiétait
fort peu. Eh ! ma foi, vous aviez raison : au diable les scru-
pules !

M. Béranger et consorts firent comme ces filous de profession qui prêchent contre le vol : Louis XV était un misérable à les entendre ; un homme d'honneur s'abaisser à
ce point !.. La morale était bonne, mais nos pères de ce bon
vieux temps nous assuraient que la patrouille avait surpris

ces messieurs... qui dans ce moment peut-être se croyaient en Andalousie.

Charles X aimait l'honneur de son peuple... assurément cela est très mal; il envoyait des troupes françaises à la conquête de la Morée... ce sont des fautes impardonnables. Allons donc! Marat n'eût jamais commis de pareille bévue!

M. de Polignac, qui avait dû à sa mauvaise étoile d'être fait prince et ministre, s'apercevant que Lafitte et autres travaillaient *ad majorem regis gloriam*, et, de plus, oubliant sans cesse qu'il se trouvait en plein xixe siècle, nous arrive un matin avec cinq bonnes ordonnances que Charles X signa un peu trop bénévolement.

Les libéraux, satisfaits d'avoir devant eux un diplomate qui eût fait plutôt l'affaire d'un meunier d'Asnières ou de Pantin, répandent des placards à profusion; et une fois que les pavés commencent à s'amonceller, ces braves de la veille disparaissent comme par enchantement, et le petit Thiers, alors journaliste, prit ses jambes à son cou, alléguant que le sifflement des balles produisait un effet fatal sur son système nerveux.

On se bat trois jours durant, et trois jours durant M. de Polignac expédie à son roi des bulletins de victoire... puis un certain maréchal Maison, qui déshonorait alors son uniforme, vint signifier à l'infortuné monarque l'ordre de ces honnêtes libéraux.

Charles X s'aperçut de sa faute. Il pardonna à M. de Polignac, et, plutôt que de répandre le sang de son peuple, il préféra retourner en exil.

Et nunc, populi, intelligite.

XIII

INTERRÈGNE.

Les libéraux victorieux décrétèrent que le drapeau blanc n'était qu'une guenille, et que le tricolore serait désormais à la mode. — Eh! bien, va pour le tricolore, répondit la foule. — La conséquence de tout ceci est facile à trouver... Le *glorieux* drapeau nous vient de deux choses: d'un imbécile et de quelques pavés entassés. Tant il est vrai que les grands événements ont souvent une origine peu importante. Mais ce n'est pas le cas sur tous les points !

On s'en donna à cœur-joie pendant ces quelques jours, les cris de *Vive la République !* ébranlèrent les carreaux de ces sages Parisiens. Les démocrates firent des rêves dorés.

L'histoire nous rapporte (croyons-en donc l'histoire) l'histoire, dis-je, nous rapporte que le peuple brûla le trône de Charles X. Cela est vrai ; mais je suppose que ces HONNÊTES démocrates ont dû auparavant enlever les glands d'or.

Le coup d'œil était charmant, — bien que les habits de ces messieurs ne fussent pas de la dernière mode ; — mais on ne doit pas se montrer difficile dans ces moments-là : pour ma part, telle est mon opinion là-dessus.

M. de la Fayette, ce marquis sans reproche et sans crainte, restait en extase devant son œuvre ; lorsque Dieu créa le monde, il ne fut certes pas plus enthousiasmé que M. le marquis.

M. le marquis avait mordu au milliard des émigrés ; le gâteau était bon, paraît-il, puisqu'il n'en a rien dit !

M. le marquis adorait les proclamations. Je connais de nos jours un certain monsieur qui n'est pas marquis, mais qui, en échange, a des goûts très prononcés pour les harangues. La Fayette parlait à son peuple de liberté et d'égalité. De quoi voulez-vous qu'on parle en révolution, sinon de cela ! C'est l'histoire de ce prédicateur qui disait avec franchise : « Faites ce que je dis, mais ne faites pas ce que je fais. »

Grâce à tous ces événements, M. de la Fayette fut de fait le roi de France en attendant d'être le président de la future république.

XIV

LE DUC D'ORLÉANS.

Si M. le duc d'Orléans n'avait pas eu un petit grain d'ambition, les titans de 93 seraient sortis de leur tannière, et prenant comme d'habitude la France pour un champ de foin, ils auraient fauché... C'était à peu près la saison.

Mgr le duc d'Orléans, tout en se rendant un grand service à lui-même, imposa silence à ces lazzaroni de la révolution, et, se disant lui-même révolutionnaire, leur fit voir, *velis nolis*, que la postérité d'Henri IV ne s'en allait pas comme cela. La couronne de France était du reste trop grande pour son ami et féal neveu Henri V; elle lui allait bien, il la garda. Qui fut attrappé dans tout cela? Le duc de Bordeaux y fut bien pour quelque chose; mais ce fut cet excellent marquis, lequel, voyant la partie lui échapper, embrassa le noble duc sur les deux joues, en assurant que c'était la meilleure des républiques. Il avait dit la vérité sans s'en douter.

Mgr d'Orléans trouvait fort peu à son goût cette aimable canaille, car, on a beau dire, un Bourbon est toujours un Bourbon, et s'il a une vocation marquée pour le sceptre, le cynisme et le crime lui répugnent.

Pour juger d'un aussi grave événement, il faut écrire sans passion et sans préjugés. Quant à moi, voici ce que je pense de la révolution de 1830 :

Le duc d'Orléans aurait pu, en se déclarant le tuteur d'Henri V, éviter à sa patrie de nombreuses dissensions.

Mais, d'un autre côté, la France lui doit la continuation de ce gouvernement prospère et honnête qui a commencé en 1814 et qu'on a renvoyé en 1848.

XV

LOUIS-PHILIPPE.

Voilà Louis-Philippe roi des Français. Cela ne fait pas du tout l'affaire de MM. les démocrates, ils en ont été pour leurs frais. Le citoyen Cavaignac (c'est de Godefroy que je veux parler), le citoyen Cavaignac organise une petite émeute, et après deux jours de bataille se trouve aussi avancé que ses aïeux sous Philippe-le-Bel. De pareils contre-temps sont faits pour décourager tout le monde, mais il y a une exception pour ceux qui n'ont rien à risquer.

Dix-huit années durant, la France redevint brillante et

4

prospère. Les récits de la Révolution passèrent à l'état de légende ; un député de l'opposition s'écria à la tribune : « La France s'ennuie ! » Le mot était aussi cruel que léger. Or faut-il dire quel était ce député ? c'était M. de Lamartine.

Ainsi, lorsque la France coulera une existence heureuse, il faudra, pour la désennuyer, prendre la lyre de Victor Hugo, la lanterne de Rochefort et les galons du colonel Schœlcher. A ce compte-là, on peut laisser le pays s'ennuyer à son aise.

Louis-Philippe n'aimait pas la guerre ; cela valut du bien à la France. On cria beaucoup ; mais comme les cris ne sont ni sabres ni bayonnettes, on laissa crier et on fit bien.

Un jour de février, par une pluie battante, les démagogues lèvent les pavés. S. M. le roi citoyen aurait pu résister un peu plus, ou du moins, partir avec un peu plus de dignité, sans le célèbre bonnet de coton.

Il est vrai que Louis-Philippe était arrivé à ce moment de la vie où l'on perd l'énergie de la jeunesse ; mais Charles X avait ses 74 années bien comptées ; ce qui ne l'a pas empêché de partir en roi. Dignité humaine ! tu seras toujours un vain mot pour certaines natures.

XVI

LE GOUVERNEMENT PROVISOIRE.

C'était alors le bon temps pour les amateurs de barricades, *œtas aurea*, comme dit le latin. Le citoyen Louis Blanc débuta à cette époque ; il avait été des premiers à crier *Vive la république !* il fut un des premiers à être exalté.

Maintenant, parlons un peu des vertus civiques de ces révolutionnaires.

Ledru-Rollin trouvait tout mauvais à la monarchie : la liste civile, les voitures, les laquais, etc. Voilà notre nouveau Spartiate ministre ; tout est changé : le brouet noir n'est bon que pour les imbéciles, dit-il.

Alors il fait poudrer les cheveux de ses serviteurs, exhibe

les voitures du vieux roi, se verse du champagne des Tuile-
ries. A ce compte-là la démocratie me convient assez.

Les autres membres du gouvernement provisoire étaient
d'honnêtes Français ; le pays n'avait qu'à s'en féliciter. On
passa à M. Ledru-Rollin ses voitures, et on voulut essayer
sincèrement le régime républicain.

Mais tout ce qui est sincère et honnête déplaît souveraine-
ment à la démagogie. Ceci me rappelle le mot d'un garde
national parisien arrêté devant un mobile breton : « Ça se
bat, ça a des croyances » (textuel). *Ab hoc uno disce omnes.*

L'insurrection de juin éclate au plus beau moment ; les
révolutionnaires, s'apercevant qu'ils ont fait fausse route,
jettent la responsabilité de leur crime sur les réactionnaires ;
rien de plus juste.

La France avait été déchirée, les patriotes menaçaient la
société de leur éternel refrain : « Nous ferons un coup
d'état. » La crise devint terrible, et les hommes politiques
prononcèrent en soupirant le mot *République*. On résolut de
tenter un essai de ce nouveau gouvernement ; mais avec des
honnêtes gens comme Huber et et Louis Blanc, c'était travailler pour le roi de Prusse.

XVII

LA RÉPUBLIQUE ET L'EMPIRE.

On avait écrit sur la Constitution le mot *République*, il
était donc juste que ce fût un sage républicain qui fût appelé
à diriger ce parti. Mais rien de tout cela n'eut lieu ; le président de la république fut un drôle de la pire espèce, qui se
drapait fièrement dans son nom de Louis-Napoléon. La
France choisit ce qu'il y avait de plus mauvais pour la gouverner ; cela ne doit étonner personne.

Une nuit, la république est confisquée, on s'écria de toute
part : « Tant pis pour la république ! » La France avait entiè-
rement oublié l'histoire du loup devenu berger.

Napoléon empereur fit la guerre de Crimée et d'Italie
pour distraire l'opinion. Drôle de manière de distraire ses
concitoyens que de les mener à la boucherie.

S. M. le souverain, ayant besoin de se lancer dans une spéculation quelconque pour faire de l'argent, entreprend, sur l'avis de ce bon M. Jecker, la guerre du Mexique : 67,000 hommes restent chez ces habitants d'outre-Océan, Maximilien en est pour une condamnation à mort. Mais Napoléon a sans doute fait de bonnes affaires, cela doit contenter tout le monde.

En 1870, il faut recommencer la farce. Le Dieu des armées trouve qu'on a trop abusé de lui. Finalement Napoléon, de sottises en sottises, est contraint de se réconcilier avec son frère le roi de Prusse, et lui fait cadeau de son épée. Cela se passait à Sédan. De son côté, Guillaume, qui ne voulait pas être vaincu en générosité, fit présent à son voisin d'une cage dorée appelée Wilhemshœhe.

La morale de l'histoire est facile à trouver : On regretta la république de 48, et on fit le 4 septembre. Entre deux maux, mieux vaut choisir le moindre.

CONCLUSION.

———

Depuis 1789, la démagogie a fait six révolutions, cinq coups d'état, et amené trois invasions. Il n'y a pas de monarchie, si antique soit-elle, qui ait de semblables faits dans son dossier.

Malgré tout cela, les démagogues vantent chaque jour leurs perfections.

Si le lecteur trouve qu'ils ont raison, cela le regarde. Je n'entreprendrai pas de l'éclairer davantage.

FR. DE BONILLA.

Bordeaux, 26 août 1871.

TABLE

—

Bayonne, imprimerie E. LASSERRE, rue Orbe, 20.

www.ingramcontent.com/pod-product-compliance
Lightning Source LLC
Chambersburg PA
CBHW060815280326
41934CB00010B/2700